仕事の心得

鈴木康弘
Yasuhiro Suzuki

はじめに

仕事の考え方や姿勢を伝える「仕事の心得」

仕事には複数の意味があります。一般的には「生計を立てるための職業」と思われがちですが、本来の意味は「何かを成し遂げるための行動」です。しかし、多くの人がこの仕事の意味を履き違え、仕事に対する偏見や誤解、誤認が広がりつつあります。その結果、仕事に対するモチベーションをなくし、業務に支障をきたす社員が増えてしまっています。

私は企業のDXを支援するコンサルティングに従事する仕事柄、多くの経営者から相談を受けます。相談で最近特に多いのが、社員の〝保守化〟です。つまり、社員が挑戦したがらないというのです。経営者は自社を変革したいが、社員がついてこないと不安がっています。加えて、現状維持を良しとする企業風土も根付いているといいます。こうした保守的な状況を打破するためにも、仕事の本来の意味である「何かを成し遂げるための行動」に立ち戻って仕事に向き合う必要があります。

そもそも、なぜ保守化したのか。日本で保守化が加速したのは、バブル経済が終焉した１９９０年代中盤と言われています。当時は失敗を極度に恐れ、過去の成功体験を重んじる傾向が強まっていました。その結果、日本人の保守化は加速しました。そんな時代に入社した世代（就職氷河期世代）は現在、企業の中枢を担い、上司や親となって保守化を許容し、保守的な人材を生み出し続けています。

保守化が進むと、仕事への考え方や姿勢を受け継ぐ機会も減ってきてしまいます。コミュニケーションが年々希薄化し、受け継ぐ機会そのものものが消失しつつあるのです。昭和の時代には終業後、頻繁に飲みに行ったものです。飲みの場が、上司や先輩から若手社員へ仕事の仕方を伝える機会となっていました。私も若いころは上司や先輩と何度も飲みに行き、叱られたり誉められたり、励まされたりしたものです。こうした光景は、今の若い人にとって〝古臭い〟〝強制的〟と感じるかもしれません。しかし、私には飲みの場が仕事の考え方を教わる絶好の機会で、その後の価値観を築く礎にもなったのです。居酒屋での何気ない会話の積み重ねが、私の価値観を磨き上げたのです。

しかし現在、飲みに連れ出すことすら難しくなりつつあります。無理矢理誘えばハラスメントだと、上司が若手社員を誘いづらくなっているのです。若手社員を昼食に誘うことを禁じる企業さえあります。

さらに、状況を悪化させたのが新型コロナウイルス感染症のまん延です。多くの企業がリモートワークに舵を切り、オンラインのコミュニケーションを余儀なくされました。その結果、特定の人としか会話しない状況が続きました。上司と部下の会話といえば、業務の進捗を確認する程度。仕事にどう向き合うか、どんな姿勢で臨むのかといった大切な考え方を継承する機会は一切なくなってしまったのです。

社会や経済、コミュニケーションの取り方が変わっても、人として大切なことや仕事を進める上で覚えることは、どんな形であれ継承されなければなりません。コミュニケーションが希薄だからこそ、仕事に対する姿勢を明示し、正確に継承することが求められているのです。

継承すべき姿勢とは、仕事の基本となる「型」です。茶道や柔道、剣道などで用いられる「型」同様、仕事でも基本となる「型」を習得しなければ結果を残せません。「型破り」という言葉があるように、「型」を身に着けなければ応用も利かせられません。「型なし」という言葉があるように、「型」を身に付けなければ上達や成長も見込めません。保守的な考えを持つ社員の多くは、まさに基本を知らない「型なし」の状況に陥っているのです。

私はこれまで、たくさんの上司や先輩から多くを学びました。大学卒業後に入社した富士通では、ＳＥ（システムエンジニア）としてキャリアをスタートし、職人気質な上司や先輩から仕事への向き合い方をイチから教わりました。飲みに行っては上司や先輩から学ぶ毎日でした。

その後、転職したソフトバンクでも学ぶ日々が続きます。当時は従業員数が５００人程度の規模で、月曜日には孫正義社長が椅子の上に立って朝礼していました。社長と直接話す機会も多く、業務以外のことも含めて多くを教わりました。他にも北尾吉孝さん（ＳＢＩホールディングス代表取締役会長兼社長）や井上雅博さん（故人、元ヤフー代表取締役社長）とも会話を重ね、多くのことを教わりました。

さらにその後、書籍ECを運営する会社を起業。苦労を重ねた末、売上を100億、200億と伸ばす経験もしました。このときも多くの方々と出会い、そのときの言葉が私を支えてくれました。それから会社ごとセブン&アイ・ホールディングス傘下に入り、ネットとリアルを融合するビジネスを描いて挑戦し続けてきました。ここでも、鈴木敏文さん（元セブン&アイ・ホールディングス代表取締役会長）や村田紀敏さん（同元代表取締役社長）、亀井淳さん（元イトーヨーカ堂代表取締役社長）に、ときには叱られ、励まされ、褒めていただきました。こうした方々からの言葉は、今でも鮮明に覚えています。

私のこれまでのキャリアは、必ずしも順調だったとは思っていません。

厳しく苦しい状況も多々ありました。そんな中でも、いろいろな人との出会いが私を救い、成長させてくれたと受け止めています。私の唯一の長所は、失敗してもすぐに立ち直れる早さです。失敗して落ち込んでも、上司や先輩の言葉で奮い立ち、立ち止まらずに突き進むことができました。上司や先輩の教えが、私を救ってきたのです。

私のこれまでの人生を振り返ったとき、自慢できるのは素晴らしい上司や先輩と出会えたこと、さらに、上司や先輩から教わったことを素直に受け継いできたことです。こうした教訓を保守的な若い人にも活かしてほしい。そう考え、基本となる「型」を「仕事の心得」として本書にまとめました。この心得が、どんな局面でも自分を正しい方向へ誘う道標となります。自分を支える礎となります。

実際に私が代表を務める会社でも、「仕事の心得」を社員で共有しています。今ではコミュニケーションが円滑になり、協力し合う環境が生まれました。最近では顧客からも「仕事の心得を当社に根付かせてほしい」と頼まれるようになりました。講演や勉強会で仕事の心得について話すと、若い人から「こういう話を聞きたかった」「仕事が楽しくなりました」といった声もいただくようになりました。

そこで本書は、私自身が仕事をする上で大切な心構えを「仕事の心得」としてまとめています。仕事に対する姿勢や、働くときに考えるべきことを30の型として解説しています。いずれの型も私自身が体験し、上司や先輩から学び、受け継いできたものです。働く環境が劇的に変わる今こそ、若い世代を中心にお読みいただければと考えます。経営者や幹部の方々も「仕事の心得」をヒントに、自社ならではの心得を生み出す参考にしていただければ幸いです。その心得を社員と共有し、風土として根付かせてください。そのとき、会社は必ず変わります。

目次

第1章

仕事とはなにか

仕事の心得 その1

仕事を成功に導くのは情熱である。情熱が自らを奮い立たせ、周りを巻き込み、成果をもたらす。

仕事を成功へと導く原点は「情熱」です。「情熱」が自らを動かし、周りも動かします。情熱を注がず仕事に取り組んでも成果は見込めません。そもそも非効率だし、ミスさえ生みかねません。何より楽しくありません。

では、原動力となる情熱をどう奮い起こせばよいのでしょうか。大切なのは、人の役に立とうという姿勢です。「人に喜んでもらえるか」「人の助けになるか」という気持ちで仕事に取り組むと、情熱が芽生えやすくなります。自分がやらなければという使命感を生み、やる気も湧き上がらせてくれるのです。一方、自分のために注ぐ情熱は長続きしません。「よし、やろう」と奮い立っても、仕事にムラが出やすくなるだけです。仕事に意欲的に取り組むモチベーションとしては不向きです。

人のためにという情熱は、周囲を動かす特性も備えます。強い気持ちで行動する姿勢は周囲の共感を呼び、多くの人が協力を惜しまなくなります。仕事に情熱を注ぎ込めば、こうした協力的な関係を周囲の人たちと構築できるようになるのです。この関係が成功を呼び込みます。

こうした情熱はどんな仕事でも必要です。私がコンサルティングをするＤＸでも同じです。ＤＸは経営者が情熱をもって取り組まなければ成功しません。さらに、お客様や取引先、従業員の幸せに繋がるといった、人のために注ぐ情熱がなければＤＸは加速しません。

一方、従業員が経営者の情熱を理解することも大切です。例えば、「ＤＸで社会に貢献する」という経営者の強い信念と情熱を、従業員は読み取るべきです。読み取った上で行動するべきです。そのためには、経営者は、ＤＸがなぜ必要かといった情熱を注ぐ理由を従業員に説明することが不可欠です。経営者が自身の熱い思いをどう伝えるか。これはＤＸ

に限らず、どんな仕事でも成功を手繰り寄せるために必要です。

人は誰しも、何かに情熱を注ぎたいと思っています。一所懸命になりたいと思っています。もし、仕事がうまくいかない、楽しくない、仲間とうまくやれないと思うなら、自分にこう問いかけてください。

この仕事に情熱を注いでいると胸を張って言えますか、と。

仕事の心得を身に付けるポイント
・情熱を注がなければ仕事の成果は出ない
・人のために注ぐ情熱が仕事の原動力になる
・経営者は熱い思いを社員に伝え、説明する

仕事の心得 その2

仕事とは生活の糧を得る
手段である以上に、
人から認められ
自己実現をする手段である。

「仕事」は一般的に、生計を立てるための手段です。〝おまんま（御飯）の食い上げ〟という言葉の通り、仕事なしには日々の暮らしすらままなりません。しかし、仕事を単なる生活の糧と割り切るだけでよいのでしょうか。それではむなしすぎます。仕事の本当の価値や魅力を知ることもできません。

仕事には生活の糧を上回る価値や魅力があります。その1つが「自己実現」です。自己実現とは周囲の期待に応えて自分の存在を認めてもらい、自らの夢や目的を達成することを指します。この自己実現こそが仕事の本当の価値であり、魅力なのです。

例えば、お客様の課題を解決しようと仕事に打ち込んだとき、成し遂げた後にはお客様がきっと「ありがとう」と感謝の言葉をかけてくれるでしょう。同僚や上司はきっと「よく頑張ったね」とあなたを認めてくれるでしょう。この喜びを得られるのが仕事です。こうした魅力を秘めているのが仕事なのです。

社会が成熟し、働き方が多様化した今こそ、仕事の意味をきちんと考えるべきです。特に若い人の中には、「暮らせるだけの給料さえもらえれば十分」と考える人が少なくありません。しかし、仕事にはお金を稼ぐこと以上の魅力があることを知るべきです。なぜ仕事をするのか、仕事でどんな喜びを得たいのかを模索することが何より大切です。

とはいえ、仕事の魅力を容易に体感できるわけではありません。お客様の声と向き合い続け、課題に繰り返し挑むことで初めて気付きます。目先の業務を地道にこなす努力も欠かせません。地道な作業は苦しいかもしれません。飽きるかもしれません。しかしその先には必ず、「楽しい」や「うれしい」といった魅力を見い出すことができます。この感情こそが、仕事をする一番のモチベーションとなるのです。途中で逃げ出すことなく、仕事の魅力を感じられるまで突き進むべきです。

お客様にどう貢献するのか。周囲からどう評価されるのか。仕事に取り組むなら、これらの疑問を常に抱き続けてください。この答えがきっと、あなたにとって本当の仕事の価値であり、魅力となります。さらにこの答えが、あなたを成長へと誘うのです。

仕事の心得を身に付けるポイント
・仕事には生活の糧以上の価値や魅力がある
・夢を実現する自己実現こそが仕事の価値
・地道な努力なしに仕事の魅力は味わえない

仕事の心得 その3

仕事は社会貢献の手段である。一所懸命に取り組むことは、人として当たり前のことである。

「仕事を通じて社会の役に立ちたい」「お客様から〝ありがとう〟と言われる仕事をしたい」「笑顔があふれる社会をつくりたい」。就職活動のとき、仕事にこんな思いを持ちませんでしたか。多くの人が社会に貢献したいという思いを持ち、社会に飛び込んだに違いありません。

しかし働き始め、日々の業務に忙殺されると、当初抱いた仕事の意義は徐々に失われてしまいます。目の前の作業を片付けることに追われ、「何のため」という目的さえ考えずに仕事に取り組んでいる。そんな人があふれているように感じます。

「何のために仕事をするのか？」。この問いを今こそ真剣に考えるべきです。この問いと常に向き合いながら仕事に励むべきです。

中には「仕事はお金のため」と割り切る人もいるでしょう。決して間違いではないものの、それだけでは働くことの魅力や楽しさが徐々に失われかねません。学生時代に多くの人が抱いた仕事の意義を思い起こしてください。どうすれば社会の役に立つのか、お客様から感謝されるのかという学生時代に描いた仕事の意義を今こそ追い求めるべきです。その意義こそが仕事の本質です。

もっとも、意義を実際に見い出すのは容易ではありません。社会に貢献するという理想は、言われたことを実践するだけでは実現しません。自分で考え行動する能動的な姿勢が不可欠です。お客様の課題と徹底的に向き合い、解決の糸口を自ら探すことも大切です。こうした積極的で一途な取り組みが、仕事の意義を見い出す足掛かりとなるのです。

さらに、個人でいくら頑張っても社会貢献とは必ずしも結びつきません。頑張った努力が社会貢献へと結実するのは仕事のみです。社会に役に立つ唯一の手段が仕事なのです。もちろん、主婦業も仕事の１つです。働く夫を支え、さらには子育てを通じて社会に貢献しています。

仕事をするなら、自身の願望や夢、志を業務に込めてください。社会との結びつきを忘れずに持ち続けてください。その強い思いが、仕事のモチベーションとなります。そして、その仕事を成功へと導き、社会への貢献へと繋がっていくのです。

仕事の心得を身に付けるポイント

- 就職活動時に描いた仕事の意義を追い求める
- 仕事で社会貢献するなら能動的な姿勢が不可欠
- 社会への貢献は仕事でしか成し得ない

仕事の心得 その4

仕事は一人でできるものはない。お客様・取引先様・同僚・社会の関係の中で仕事は生まれる。

わき目も降らず仕事にまい進する…。仕事に取り組む姿勢として決して悪いことではありません。しかし、仕事に集中しすぎるあまり、周りが見えなくなっていませんか。周囲との協調性に欠けていませんか。独りよがりになっていませんか。

どんな仕事も周囲や社会と必ず関係しています。その関係を断ち切って取り組む仕事は、もはや仕事とは呼べません。先輩や上司、お客様や社会から求められなければ、それも仕事とはいえません。どれだけ頑張ったとしても、仕事は自分一人だけでは決して成り立たないのです。

仕事に取り組むなら、その仕事の背景や目的、なぜその仕事があるのかを自分なりに考えるべきです。この仕事を成し遂げると自社や社会はどう変わるのか。どんな効果をもたらすのか。社会にとってどんな位置づけなのか…。仕事に対し、こうした理解を深めることが必要です。

その仕事に関わる人たちの思いを汲み取ることも大切です。助け合いながら仕事に取り組む先輩や同僚、仕事を通じて自社の売上拡大を目指す経営層などの思いや姿勢を理解すべきです。

さらには成功に向けて協力する取引先様、仕事による成果物を利用するお客様も含めて、誰がどんな期待を寄せているのかを受け止めることも大切です。これらの思いが、仕事に取り組む原動力となります。モチベーションとなります。一人だけでは達成が困難な仕事を、成功へと誘ってくれるのです。

「この仕事を片付けておいて」と上司や先輩から言われた仕事を、何も考えずにこなすのは無意味です。どんな仕事でも、何に使うのか、何が目的か、仕事をやり終えた後はどうなるのかといった思考を働かせるべきです。そのときの思考が、周囲や社会と関係していることを気付かせてくれます。仕事に取り組む意味をもたらします。

ぜひ、先輩や同僚と協力してください。取引先様との信頼関係を深めてください。お客様を笑顔にしてください。これらを目指す取り組みが、周囲や社会から求められていることに気付くきっかけとなります。気付いたときに初めて、仕事が楽しいと思えるようになります。

仕事の心得を身に付けるポイント

- 周囲や社会が求めなければ仕事ではない
- 関係する人々の思いを汲むことが仕事を成功に導く
- お客様や社会との関係を常に意識して仕事に臨む

仕事の心得 その5

仕事は皆で助け合うから
結果を出すことができる。
皆で助け合うからこそ
仕事は楽しくなる。

仕事では、一人でできることに限りがあります。どんなに優秀な人でも、複数人で取り組むようなプロジェクトを一人でゴールに導くことはできません。一人だけでは、自分の能力を超える大きな仕事は決して成し遂げられません。

多くの人が関われば関わるほど、一人による限界を超えた仕事に挑めるようになるのです。お互いを助け合う中で、自分の能力を超えた仕事さえ成し遂げられるようになるのです。これこそが仕事の醍醐味であり魅力です。

多くの人と一緒に仕事に取り組むことは、より大きな成果を得られるだけにとどまりません。成し遂げたときに得られる達成感もより大きくなります。仕事を終えたとき、やり遂げた喜びをともに分かち合える仲間が周囲にいるからです。一人で仕事を成し遂げたときに得られる達成感とは違った喜びを味わえるでしょう。上司や先輩、後輩などと助け合いながら取り組む仕事こそ、満足感や高揚感、さらには楽しささえ得られるようになるのです。

では、仲間と一緒に取り組む仕事として好ましい姿とは。

思い返すと、学生時代の文化祭に理想形を見ることができます。学生時代の文化祭といえば、開催間際まで誰も出し物を準備しない、なんてケースが当たり前だったでしょう。しかし、いよいよ直前になると誰が言うでもなく自然と集まり出し、自主的に役割が決まり始めます。全員が準備を間に合わせようと力を発揮したことで、文化祭を無事にやり通すことができたのです。このとき、文化祭をやり遂げたという達成感を仲間と味わったはず、頑張った喜びを仲間と分かち合ったはずです。仕事も文化祭の準備同様、仲間と一緒にやり遂げたという思いを大切にすべきではないでしょうか。

仕事に取り組むとき、周囲の仲間とともにゴールを目指してください。周囲の仲間をサポートする役割を担ってください。皆で助け合うことを前提に、仕事と向き合ってください。こうした行動が、仕事に大きな達成感をもたらします。挑戦への意欲を掻き立てます。一人では感じない仕事の楽しさを味わえるようになります。

仕事の心得を身に付けるポイント

・仲間と取り組むことで大きな仕事を成し遂げられる
・仲間との仕事は、一人では味わえない達成感を得られる
・学生時代の文化祭の準備が、仲間との仕事の理想形

第2章

プロフェッショナルになる

仕事の心得 その6

プロフェッショナルは、給料をもらった時点で、常に「自分の値段」を意識して仕事をする。

将来はマーケティングのプロを目指す、経験を重ね営業のプロになる、統計学を身につけデータサイエンティストになる…。こうした将来の目標を掲げる人は少なくありません。特定分野に精通する専門職になろうと、今後のキャリアプランを描くケースが散見されます。しかし、給料をもらっている時点でプロであることを忘れてはなりません。

特定の道を究めるのは構いません。しかし、企業に属して毎月の給料をもらっているなら、道を究める以前にプロとしての自覚を持たなければなりません。給料に見合うだけの仕事をしなければなりません。「自分の目指すプロになったら、給料に見合うだけの仕事をする」なんて考えは通用しません。給料をもらったその瞬間から、給料に見合う仕事をしなければならないのです。

スポーツの世界に当てはめれば分かりやすいでしょう。野球でもサッカーでもプロスポーツ選手は、プレーした結果でしか評価されません。たくさん練習しても評価には一切つながりません。結果がすべてです。結果に責任を持つからこそプロフェッショナルなのです。

仕事のプロなら「自分の値段」をきちんと踏まえることも大切です。給料をもらい過ぎてはいないか、給料が足りなさ過ぎてはいないか。仕事の成果と給料が釣り合っているかを意識すべきです。もし、「給料分も働いていないな」と感じ、成果を示せないなら減額もやむを得ない。それほどの覚悟を持って取り組むべきです。これがプロです。

もっとも新入社員の場合、給料に見合うだけの仕事をするのは難しいでしょう。入社当初は給料を「会社からの投資」と受け止め、投資分を会社に早く返すつもりで仕事に臨むべきです。早く一人前の社員になれるよう、仕事の内容や成果を貪欲に追い求めることが大切です。

決まった仕事をし、決まった日に給料が支払われるサイクルを繰り返していると、「自分の値段」への意識が希薄になってしまいます。しかしプロとして働く以上、常に「自分の値段」を意識してください。値段に合うだけの仕事ができたのかを常に振り返ってください。こうした姿勢がプロとしての覚悟を強めます。仕事への意欲を掻き立てます。高い望みに向けて自分を成長させてくれます。

仕事の心得を身に付けるポイント

・給料をもらっている時点でプロとしての自覚が必要
・仕事の成果と給料が釣り合っているかを意識する
・「自分の値段」を常に意識して仕事に取り組む

仕事の心得 その7

プロフェッショナルは、「職場は舞台、自分は役者」と考え、最高のパフォーマンスを発揮する。

職場で無駄話ばかりしている、会議でまったく発言しない、顧客との商談中にもかかわらず覇気がない…。これらはもはや仕事とは言えません。仕事を通じて給料をもらっているプロフェッショナルなら、いかなる場面でも常に最高のパフォーマンスを発揮しなければなりません。無駄に時間を費やしたり、仕事に真剣に向き合わなかったりする姿勢は、給料をもらうに値しません。

仕事に取り組むなら、自分の能力や経験、スキルを最大限発揮すべきです。仕事による効果を最大化するためにも、自分に出来得ることを惜しまず出し尽くします。たとえ仕事へのモチベーションが低い日でも、そのときの〝最高〟を発揮できるよう努力しなければなりません。この姿勢を持ち合わせている人こそプロフェッショナルです。

では、最高のパフォーマンスを発揮するにはどうすべきか。ヒントとなるのが「職場は舞台、自分は役者」という考え方です。役を演じる役者になり切り、仕事のときは役者のように振る舞います。舞台を見に来た観覧者に最高の演技を披露する役者同様、仕事を通じて自分を〝表現〟すべきです。例えば営業担当なら、疲れていたとしても商談中は笑顔と熱意を持って顧客に向き合うべきです。資料を作成するなら、限られた時間の中でも周囲が納得する資料を仕上げるべきです。仕事中はスイッチをオンにし、役者として演じ切ることに終始します。この考えで仕事に臨めば、最高のパフォーマンスを引き出せます。

職場以外の取り組みに目を向けることも大切です。役者は最高の舞台にするため、普段の練習に余念がありません。幕が上がれば、練習の成果を余すことなく発揮します。当たり前ですが、幕が上がってから練習なんてしません。仕事も同じです。職場は、これまで学んだことを発揮する場です。本番に向けて練習する場ではありません。

職場でのパフォーマンスを最大化するなら、事前の入念な準備も必要です。職場以外で何を学び、何を経験するか。普段の行動が自身の糧となり、本番である職場でのパフォーマンスを引き上げます。プロフェショナルとしての覚悟が足りないなら、役者になり切ってください。役者を演じ切ってください。そのとき必ず、プロフェッショナルである自覚が芽生えます。

仕事の心得を身に付けるポイント

・職場では常に最高のパフォーマンスを発揮する
・役者になり切れば最高のパフォーマンスを引き出せる
・職場以外の学びや経験がパフォーマンスを最大化する

仕事の心得 その8

プロフェッショナルは、最高のパフォーマンスを発揮するために、自らを磨き続ける。

給料をもらって仕事をするプロフェッショナルなら、職場では常に自分の最高を発揮しなければなりません。仕事を成果に結びつけるためのアクションを常にイメージし、そのイメージを具現化できるよう行動しなければなりません。そのためには仕事に対するモチベーションや熱意を維持するのはもとより、努力を怠ることなく普段から研鑽を積むことも必要です。

自身のスキルや能力を向上させるには、日々の仕事で経験を積むだけでは不十分です。仕事に励む一方、スキルアップを見据えた〝自分磨き〟にも取り組まなければなりません。

ビジネススキルや資格の取得、セミナーや講習会への参加など、自分を成長させるための日々の積み重ねこそが大切です。この取り組みが自身の業務を支えます。仕事のパフォーマンスを高め、成果をもたらします。さらには、自分はプロフェッショナルだという自覚も促すのです。

もっとも、自分磨きに取り組んでいる人はどれだけいるでしょうか。「社会人になって勉強する時間を確保できない」「仕事が忙しくて勉強なんてしている暇はない」。こんな理由で諦めている人が大半ではないでしょうか。しかし、これはただの言い訳です。

どんなに仕事が忙しくても、わずかな時間を使って自分磨きを続けるべきです。1日30分でも継続すれば、1年後には約180時間、5年後には約900時間もの努力を蓄積できます。

ただし、こうした努力がすぐに仕事の成果へ結びつくわけではありません。しかし、諦めずに続けるべきです。地道な努力の積み重ねが、1年後や5年後に自分を大きく飛躍させるのです。成果として如実に現れるようになるのです。

新聞や本を読むだけでも構いません。いろいろな人と交流するだけでも構いません。趣味を広げるだけでも構いません。限られた時間でも、新しいことに挑戦してください。その一歩が自分を成長させ、職場でのパフォーマンスを最大化させるのです。この瞬間から、早速一歩を踏み出してください。

仕事の心得を身に付けるポイント

・わずかな時間でも〝自分磨き〟を怠らない
・資格取得やセミナー参加などを日々積み重ねる
・新しいことにチャレンジする姿勢が成長を促す

仕事の心得 その9

プロフェッショナルは、成果で仕事をする。時間で仕事をするのはセミプロフェッショナルである。

仕事で給料をもらっている人は、すべからく「プロフェッショナル」です。プロである以上、給料に見合う仕事をしなければなりません。全力で取り組むのは言うまでもありません。さらに、仕事を通じて成果を求められるのも当然です。「仕事で結果を出す」。こうした覚悟で「成果」や「結果」を常に意識して仕事に向き合わなければなりません。

仕事に取り組む人の中には、「時間」で仕事をする人と「成果」で仕事をする人がいます。前者はセミプロフェッショナル、後者はプロフェッショナルです。決まった就業時間に全力で取り組んだとしても、成果や結果に結び付けられなければ意味はないからです。

これは、プロスポーツの世界ならより顕著です。十分な時間をかけて人一倍練習したとしても、試合で結果を残さなければまったく評価されません。仕事も同じです。どんな成果を上げるのか、どんな結果を残すのかこそが大切で、何時間働いたのかは問題ではありません。成果や結果を出すことを前提に、全力を出し切ることが極めて重要です。

では、プロとして飛躍するには何が必要でしょうか。何より求められるのが、「今の自分を超える」という意識です。昨日より今日、今日より明日と自分自身を高める意識で、成果と向き合うことが大切です。昨日は「10」の成果を出したなら、今日は「11」の成果を、さらに明日は「12」の成果を出せるよう、工夫しながら仕事に取り組むべきです。

挑戦する姿勢を持ち続けることも必要です。失敗を恐れて踏み止まってはいけません。可能性が少しでもあれば、すぐに行動すべきです。こうした積極性が成果を手繰り寄せます。さらに周囲との連携も必要です。一人で突き進むだけでは成果に結実しません。上司や先輩のアドバイスを素直に受け入れたり、同僚に協力してもらったりと、チームで難題に立ち向かうことが大きな成果をもたらします。

あなたもプロフェッショナルなら、どんな仕事にも意味を見い出してください。仕事の目的や影響、効果を探ってください。仕事の内容を深く読み解くことで、成果や結果というゴールを描けるようになるのです。こうした姿勢で仕事と向き合い、セミプロからプロへの道を駆け上がってください。

仕事の心得を身に付けるポイント

- 仕事は成果や結果に必ず結び付ける
- 「何時間働いた」と時間で仕事をするのはセミプロ
- 昨日より今日、今日より明日と自分自身を高める

仕事の心得 その10

プロフェッショナルは、健康管理に余念がない。月曜日を最高の体調で迎える。

給料をもらって仕事をするプロフェッショナルなら、常にベストな状態で仕事に臨まなければなりません。経験や知識、ノウハウなど、自分の持ち合わせるすべてを総動員し、最高のパフォーマンスを発揮できるようにします。その一方、普段からの体調管理に目を向けることも大切です。経験や知識がどれだけ豊富でも、その日の体調が優れなければ意味はありません。プロフェッショナルなら自身の体調をコントロールし、健康な状態で仕事に臨めるよう気を付けます。

疲れやすい、寝不足で頭が冴えないなどの症状のある人は、体調管理が不十分かもしれません。休みの日だからといって家にこもったり、昼間からの飲酒や、夜遅くまで起きたりするのは望ましくありません。月曜日からの新しい１週間を万全の状態で迎えるには、週末を含めて普段からの生活習慣に気を配るべきです。週末に体調を崩して月曜日を迎える人は、プロフェッショナルではありません。

休みの日を含め、規則正しい生活習慣を身に付けるのがプロフェッショナルです。栄養に配慮した食生活を心掛けたり、適度な運動をしたり、十分な睡眠時間を確保したりし、仕事に支障をきたさないようにします。まずは不規則な生活習慣を洗い出し、体調に影響を及ぼしそうな生活スタイルの改善から取り組むべきでしょう。

とはいえ、いくら気を付けても病気にかかることはあります。そんなときは無理をせず安静にし、仕事への早期復帰を心掛けます。体調が悪化しないよう早めに休養をとることも考えるべきです。周囲に仕事を引き継ぎ、仕事が滞らないよう務めることも大切です。困ったときは互いに助け合える関係を周囲と築いておくことも必要でしょう。

現在、多くの企業が導入するようになった「週休2日制」。この制度をいち早く導入した松下電器産業（現パナソニック）創業者の松下幸之助氏は、1日は身体を休めるために使い、1日は学びのために使うことを推奨していました。しかし、多くの人が2日間を遊びや休養に費やしているのではないでしょうか。週末を有意義に過ごすこと自体、悪いことではありません。ただし、そのときの疲れや体調不良を月曜日に持ち越してはなりません。仕事で最高のパフォーマンスを出すために週末をどう過ごすべきか。プロフェッショナルなら考えなければなりません。

仕事の心得を身に付けるポイント
・健康に配慮し、万全な状態で仕事に臨む
・週末も含めて規則正しい生活習慣を心掛ける
・週末の遊び疲れや体調不良を月曜日に持ち越さない

第3章

仕事とプライベート

仕事の心得 その11

仕事は人生の一部である。ワークライフバランスなど考えることが、自分を追い詰めてしまう。

〝仕事と生活の調和〟を意味するワークライフバランス。働き方を見直す機運が高まる中、多くの企業が従業員のワークライフバランスに配慮した支援や施策を打ち出すようになっています。

マスコミを中心にその必要性も叫ばれ出し、その結果、多くのビジネスマンがワークライフバランスに翻弄され始めています。こうした風潮が却って自分を追い詰めてしまっているように感じます。

終わらせなければならない仕事があるにもかかわらず、周囲に十分な引き継ぎもせずに早退する。大事な商談を控えているにもかかわらず、時間が足りないことを理由に不完全な提案資料を用意する…。ワークライフバランスが浸透したのを機に、こんな中途半端で無責任な仕事をする人が増えた気がします。「〝家庭の事情〟という魔法の言葉さえ使えば仕事を途中で抜け出せる」。ワークライフバランスをこう都合よく解釈し、濫用してしまっている人が目立つのです。

一人ひとりに生活があり家庭があり、異なるライフステージがありま す。こうしたプライベートを大事にすること自体、悪くありません。む しろ充実させるべきです。

しかし、これらの生活は仕事があるから成り立っていることを自覚す べきです。中途半端な仕事を続ければ、生活にさえ影響を及ぼします。 生活や家庭同様、仕事も人生の大事な一部です。プライベート優先の偏っ た働き方ではなく、真剣かつ全力を出し切る働き方にも目を向けなけれ ば豊かな人生を送れません。

「仕事は仕事、家庭は家庭」という考え方は必ずしも適切ではありま せん。両者を切り分けようと考え、行動すればするほど自分を追い込みます。無理がたたってどちらも中途半端になりかねません。

まずは、強い責任感と覚悟を持って仕事に取り組むことが大前提です。ワークライフバランスという言葉に引きずられることなく、仕事とどう向き合うべきか、どんな姿勢で臨むべきかをしっかり考えるべきです。この答えに向かって突き進まない限り、プライベートを充実させることは叶いません。

仕事の心得を身に付けるポイント

・仕事とプライベートを分けるワークライフバランスは非現実的
・仕事とプライベートを切り分けようとすれば無理がたたる
・強い責任感と覚悟を持って仕事に取り組むことが大前提

仕事の心得 その12

仕事とプライベートを、よい塩梅で融合することで、無用な切り替えは必要なくなり、楽になる。

仕事とプライベートを充実させるワークライフバランスが根付きつつあります。仕事に打ち込む一方で、始業前に勉強や運動をしたり、終業時刻で仕事を切り上げて趣味に割り当てたりする人も見られます。仕事とプライベートの時間をバランスよく確保する動きが顕著になっています。しかし、時間を工面しようとするあまり、双方のバランスを崩している人が増えています。「時間を調整せねば」「早く帰らねば」と焦るほど、双方とも充実しづらくなっているように感じます。

仕事とプライベートを時間で切り分けるべきではありません。仕事の中にプライベート、プライベートの中に仕事があるという考えを持つべきです。例えば、旅行中の体験が仕事のヒントになるかもしれません。仕事中に知り得た知識が子育てに役立つかもしれません。仕事かプライベートかを問わず、経験したことを活かせるようにすべきです。

そもそもワークライフバランスの前提として、仕事は苦しいもの、プライベートは楽しいものと捉えているのもおかしな話です。仕事は社会に貢献するものであり、自身を成長させるものです。顧客や取引先に貢献して喜んでもらい、多くのハードルを乗り越えることで自分自身を成長させてくれるのが仕事です。その上、収入を得られるなんてありがたいことです。そう考えた場合、仕事も楽しいものです。もし、仕事が苦しいと感じているなら、人生の多くの時間が不幸になりかねません。

仕事とプライベートのどちらも大切です。仕事をするからこそ社会に貢献し、自己が成長し、収入を得られるのです。プライベートで家族や恋人、友人と過ごし、自分の趣味に没頭するからこそ気力を充実させられるのです。双方は切っても切れない関係なのです。一所懸命に仕事をするからこそ、プライベートを充実させられるし、プライベートが充実しているからこそ良い仕事ができるのです。

仕事とプライベートは融合させてください。仕事とプライベートを融合すれば〝時間〟という制約から解放され、時間に追いつめられる焦燥感もなくなります。「やりくりしなければ」と、双方を切り替える苦しさからも解放されるのです。そのときに、仕事はより楽しくなります。プライベートももっと豊かになります。ぜひ、これまでの「仕事」や「プライベート」の既成概念を打ち破る過ごし方を模索してください。

仕事の心得を身に付けるポイント

・仕事とプライベートを時間で切り分けない
・仕事とプライベートをよい塩梅で融合する
・プライベートの経験や体験を仕事に結び付ける

仕事の心得 その13

仕事を通して磨いた計画性・実行力・育成力などを、プライベートで活かしていく。

仕事で成果を出すために…。こう考え仕事にまい進する人は少なくありません。そこで、より高いレベルの仕事をこなせるように勉強に励む人もいるでしょう。職場で積極的に発言し、周囲とのコミュニケーションから新たなアイデアを模索する人もいるでしょう。部下が結果を出せるよう、親身になってサポートする管理職の人もいるでしょう。すべては仕事のため。ひたむきな努力を重ね、情熱を持って仕事に打ち込む姿勢は大いに感心させられるものです。

もっとも、こうした努力は仕事のみで報われるわけではありません。プライベートでも役立ちます。例えば、多くの人が職場では緻密なスケジュールを厳守しているでしょう。こうした計画性はプライベートでも活きます。普段の生活で緻密な計画を立てることは稀かもしれません。しかし、「いつまでに何を」という仕事で培った習慣は自然に発揮され、プライベートを充実させてくれるに違いありません。

仕事での積極的な実行力も、プライベートに役立ちます。仕事では行動することが求められます。行動しなければ成果も結果も伴いません。たとえ面倒でも行動することが不可欠で、常に行動を意識しなくてはいけません。こうした前向きな姿勢をプライベートで活かせば、プライベートでも有意義な時間を送れるようになるはずです。仕事を通して、そういった行動力も自然に身に付いてきます。

さらに、部下や後輩を指導することも同じです。部下や後輩の育成は、子育てにも活かされます。どう言えば部下や後輩は理解するのか、どのように背中を押せば成長を促せるのか。上司や先輩は部下や後輩の立場に立って考え、あらゆる方法でアプローチを重ねます。子育てでも同様で、子どもの成長を後押ししたい気持ちを持ち、子どもの立場に立って考え、自然にあらゆる手を尽くすことでしょう。仕事を通して、育成力が磨かれているからできることなのです。

仕事が充実すれば、必ずプライベートに活かすことができます。そのためには「これは仕事」「ここからはプライベート」などといった〝壁〟を作らないでください。仕事を通して、自分が経験したこと、感じたこと、考えることを、プライベートでも活かす意識を持ってください。今まで以上にプライベートが充実することを感じることでしょう。

仕事の心得を身に付けるポイント

・仕事の経験をプライベートに活かす
・計画力や実行力、育成力などはプライベートでも役立つ
・仕事とプライベートで〝壁〟を作らない

仕事の心得 その14

プライベートを通して磨いた発想力、体験、教養などを、仕事で活かしていく。

仕事がうまくいかない。そんなときはプライベートに目を向けることも大切です。プライベートと仕事は無関係と思いがちですが、プライベートでの経験は仕事に大きな影響を与えます。

例えば、企画やアイデアを育む発想力。仕事では、これまでにない斬新な企画を求められることが少なくありません。こうした企画のヒントは、プライベートの経験がきっかけになることがあります。とりわけ、仕事とはまったく関係ない経験がヒントになります。趣味に没頭しているとき、友人や家族と話しているとき、テレビを見ているときなど、仕事とは結びつかない日常の中にヒントは埋もれているものです。ビジネスの世界では、異質なもの同士を組み合わせるとイノベーションが創出されることがよくあります。これと同様に、仕事と無関係の異質な経験をするほど、ユニークなアイデアが生まれやすくなるのです。

実際に体験することも必要です。例えば、Ｗｅｂサイトや雑誌で旅行先の写真を見るのと、実際に旅行先に足を運ぶのでは「体験」に大きな差があります。写真や文字からは現場の熱量や空気感は十分に伝わりません。その場でしか味わえない感情も、写真や文字からは芽生えません。どんなに多くの情報を収集しても、現場での体験には及びません。体験とは、それだけ多くを感じ、学びを深められる機会なのです。

さらに、仕事とは無関係な教養も大切です。仕事に役立つ知識を習得するだけでは仕事の幅も狭まります。人としての魅力も欠けてしまいます。さまざまな趣味を通じて経験したことが、仕事の幅を広げます。私の場合、歴史を学ぶことを趣味の1つとしており、偉人たちの生き様を知ることで経営者としての資質向上に役立っていると実感します。

多くの仕事は、1つのことを深く突き詰める作業になりがちです。対してプライベートは、多様で広い世界です。いろいろなことを知り、学び、体験できるのが何よりの魅力です。こうした魅力を仕事に還元すれば、深く狭い世界に新たな風を吹き込めます。

プライベートが充実すれば、仕事の壁を容易に越えられるようになります。成果や結果も出しやすくなります。一見仕事とは無関係なプライベートが、仕事を成功に導くカギを握っているのです。

仕事の心得を身に付けるポイント

・プライベートの経験を仕事に活かす
・普段の何気ない日常が発想力を育む
・リアルの体験や教養が仕事の幅を広げる

仕事の心得 その15

家族は最大の協力者、
家族の理解が
良き仕事をさせてくれる。
感謝を忘れず伝える。

仕事で成果や結果を出すには、人並ならぬ努力が必要なのは言うまでもありません。日頃から勉強してスキルを磨いたり、人と積極的に会って知見を深めたりといった取り組みが、成果や結果をもたらします。

一方、忘れてはならないのが家族の協力です。仕事に一所懸命取り組めるのは、家族の支えがあってこそです。家族が仕事を理解し、協力してくれるからこそ、成果を求めて仕事に没頭できるのです。家族が最大の協力者であり、一番の応援者であることを忘れてはいけません。

もし仕事で悩んでいるなら、自身の努力不足を解消するのはもちろん、家族にも協力してもらうべきです。常日頃から家族との会話を通して、仕事への理解を深めてもらうことが大切です。どんな業務に携わっているのか、社会にどう役立つ仕事なのかなどを丁寧に話すことで、家族は仕事を理解し、応援してくれます。

家族との会話を増やせば、仕事のヒントも得られます。例えば、パートナーから街の情報や異性の流行について聞いたり、子供から若い世代のトレンドを聞いたりすれば、自分では知り得ない意見や情報も容易に仕入れられます。それらが新しい企画やアイデアのヒントにつながります。会議中に発言を求められたときのネタにもなるでしょう。

仕事では、業界や業種をまたいで大勢の人と意見交換するのが望ましいと言われます。しかし、こうした機会が少ない人は家族との会話を大切にすべきです。何気ない会話の中にアドバイスや応援メッセージを込めてくれることもあるでしょう。家族とはそんな関係を築くべきです。

近年は、安心して自分の考えを発言できる「心理的安全性」の重要性が増しています。これは組織のメンバーとの人間関係に限った話ではありません。家族との良好な関係、さらには家族の仕事への理解、協力する姿勢も心理的安全性を高める大きな要因です。安心して話せるか、話を受け止めてもらえるか、夢を語っても笑わずに聞いてもらえるか…。こうした会話をできる家族があなたの仕事を飛躍させるのです。

この後、いつも協力してくれる家族にこう伝えてください。「いつも私を支えてくれてありがとう」と。

仕事の心得を身に付けるポイント

・家族に協力者、応援者になってもらう
・家族との会話を増やし、さまざまな情報や意見を得る
・協力してくれる家族に感謝の意を伝える

第4章

苦労と向き合う

仕事の心得 その16

仕事に苦労が伴うのは当たり前。苦労を乗り越えるから成功することができる。

「仕事が山積みで大変だ…」「明日までにこの仕事を片付けなければ…」。たくさんの仕事を抱え、大変だと感じている人は多いはず。ただし、仕事が大変なのは当たり前です。苦労を伴うのは当たり前です。この苦労を乗り越えなければ、成功には近づけません。

仕事ではその対価として、給料という形で金銭を得ることができます。そんな仕事が楽なわけがありません。仕事は、どんなものでも頭や身体もフルに使うことが求められます。多くの資料に目を通さなければならないし、多くの人と交渉する必要もあります。こうした局面では、常に正しい判断と行動を発揮し続けなければなりません。

一方、不慮のトラブルに見舞われることもあります。準備不足やスケジュールの遅延、交渉の決裂なども発生しがちです。そんなときには睡眠時間を削り、プレッシャーとも戦い続けなければなりません。

これだけ大変な思いをする仕事に対して、多くの人が「嫌だな」と構えてしまうでしょう。しかし、どんな局面でも〝仕事は苦労して当然〟と常々自覚していれば、当たり前の状況と受け入れられます。自主的かつ率先して解決の糸口を探れば、トラブルは自然と解決に向かいます。その先には、大きな達成感を得られます。乗り切った後の達成感は、苦労が大きいほど強く味わえるようになるのです。

さらに、苦労が大きければ、大きな成功も得られます。私もこれまで、難しい仕事を引き受けたときには一所懸命に取り組みました。泣きそうなトラブルに見舞われたときも、逃げずに立ち向かってきました。その結果、知識や知恵、さらに自主性や積極性を高めることができました。即時の判断力も向上し、プレッシャーにも強くなりました。こうした数々の経験が、私を成長させ、齢を重ねるたびに大きな仕事へのチャンスを広げてくれたのです。苦労が私を育ててくれたのです。

人は追い詰められたとき、自分の殻を壊し成長することができます。これからは面倒なことに対し、前向きに取り組んでください。嫌なことをむしろ楽しんでください。「仕事が大変だぁ」と笑って吹き飛ばすくらいになってください。その先では達成感を必ず味わえます。さらに大きな成功をつかめます。今こそ、自ら望んで苦労への一歩を踏み出してください。

仕事の心得を身に付けるポイント
・仕事は大変で苦労を伴うのが当たり前と自覚する
・仕事の苦労を乗り越えた経験が、大きな成功を手繰り寄せる
・仕事の苦労が大きければ大きいほど、成功も大きなものとなる

仕事の心得 その17

苦労を乗り越えたときに人は成長する。苦労には自ら進んで取り組んでいくようにする。

苦労なんてしたくないし、大変な思いもしたくない…。多くの人がこう思うに違いありません。しかし、苦労しなければ人は成長しません。苦労しない楽な仕事を何十年続けたとしても、人は1ミリだって成長しないのです。

面倒で苦労を伴う仕事を成し遂げることで、人は成長します。このとき、どんな困難にも全力で向き合うようにします。自分に出来得る最大限のパフォーマンスを発揮することも大切です。こうした姿勢が苦労を克服します。面倒な仕事から逃げたり、中途半端に片付けたりしているようでは苦労を克服なんてできません。成長も見込めません。

ただし、いきなり大きな苦労を乗り越えようとする必要はありません。自分にとって少し大変と思えるくらいの仕事に取り組み、難度を少しずつ上げるようにします。この繰り返しが経験となり、糧となります。高い壁に直面したとき、諦めることなく乗り越えようとする気持ちを生みます。「苦労なんてしたくない」という気持ちから、「苦労しない仕事なんてしたくない」という気持ちも育めるようになるのです。

苦労のない楽な環境ばかり追い求めていませんか。楽な方へと足が向いていていませんか。例えば、仕事が忙しいことを理由に自己学習を怠っている人は、苦労から逃げているかもしれません。大切なのは、困難や苦労を常に味わい続けることです。この経験が数年先の自分を必ず助けます。忙しいときに自己学習で習得した語学や資格が、数年先の仕事で活かされるようになるのです。苦労にはそれだけの価値があることを改めて自覚すべきです。

仕事で新しい案件を担当するときは、苦労や困難を自然に受け入れるようになってください。自ら手を挙げ、面倒な案件を引き受けてください。こうした姿勢が貴重な経験をもたらします。苦労しない人が絶対持ち得ない「自信」を持てるようになるのです。

あなたがこれから進む先に、「楽な道」という選択肢はもうありません。「苦労する道」一択です。逃げずにその道を歩き終えたとき、あなたは必ず成長や自信といった実感をつかみ取ることができるようになります。苦労して辿り着いたからこそ、こうした実感を味わえるのです。

仕事の心得を身に付けるポイント

・苦労しない楽な仕事を続けても人は成長しない
・苦労を伴う仕事を積極的に受け入れるようにする
・楽な道に逃げず、苦労する道を選ぶことで成長を実感できる

仕事の心得 その18

若いうちの苦労は買ってでもする。若いうちの苦労は、失敗しても何度もやり直すことができる。

「若いうちの苦労は買ってでもしろ」。誰もが一度は聞いたことのある言葉です。かつての職場では、ベテラン社員が若手社員にこの言葉を伝えるケースがよく見られました。しかし、「苦労したくない」「大変なら仕事を辞める」と考える若者が増える中、この言葉も次第に使われなくなっていると感じます。

景気が低迷し、効率性を追求する働き方が求められるようになったことも背景にあります。時間に対してどれだけの効果があったのかを表す「タイムパフォーマンス（タイパ）」という考え方が若者を中心に認知され、限られた就業時間を要領よく働きたいと考える傾向が「苦労」を遠ざけつつあるのです。

しかし、仕事は効率性だけを追い求めるものではありません。とりわけ若い世代は、効率的かどうかを問わずさまざまな仕事に関わるべきです。例えば、答えのない課題と徹底的に向き合う時間も成長には必要です。どんなに非効率で要領が悪くても、その過程で感じたこと、学んだことが自身の糧となるのです。

時にはその決断が失敗を伴うかもしれません。正しい判断を導き出せないかもしれません。しかし、それで構いません。経験が浅く未熟なときは、失敗して当然です。失敗を恐れて何も挑戦しないよりも、結果を気にせず突き進む姿勢を持つべきです。失敗を何度も繰り返さなければ、人は成長しないし糧も得られません。

若いうちの失敗は、何度でもやり直せます。若手社員は役割や責任も小さいため、失敗したときの影響は軽度に済みます。上司や先輩からアドバイスしてもらえるので、大きな失敗をするリスクも少なく済みます。一方、ベテランになってからの失敗は、大きな影響を与えかねません。「あいつはベテランなのに」と見る目も厳しくなります。

若いうちは失敗を恐れずに挑戦しましょう。「私には無理」と考えるのを今後は止めましょう。無理と思えるほどの難題に対し、自ら立ち向かってください。その姿勢と難題に取り組む努力が自分を成長させます。自身を大きくします。効率よく働くだけでは得られない成功もつかみ取れるようになるのです。

仕事の心得を身に付けるポイント

・最近は失敗をすることができない仕事環境になっている
・失敗は学びとなる。若いうちの失敗は、影響が少なくて済む
・若いうちの失敗は、何度でもやり直すことができる。

仕事の心得 その19

ピンチは最大のチャンスである。ピンチを楽しむことで、成長という副産物も生まれる。

「スケジュールが急遽変更し、企画書を急ぎで仕上げなければならなくなった」「悪天候の影響で、指定時間までに顧客先へ商品を届けられないかもしれない」。仕事ではこうしたトラブルがつきものです。自分にミスがなくても、担当者として最後まで責任を果たさなければならない局面は多々あります。

こんなとき、多くの人があたふたしがちです。焦るあまり、パニックになる人さえいます。しかし、こうした〝最大のピンチ〟こそ〝最大のチャンス〟と受け止めるべきです。

なぜピンチがチャンスになるのか。それは、ピンチをどう乗り切ったのか、どう打開したのかという経験が、自分を成長させるチャンスになるからです。つまり、ピンチなしに人は成長しません。ピンチを自身で解決しようと取り組まなければ、貴重な経験さえ積めないのです。

ピンチをチャンスに変えるために一番大切なのは、自分が成長する機会であると前向きに受け止めることです。「ミスしたらマズい」「上司に怒られる」などと失敗を恐れて萎縮しては、正しい判断も正しい行動もできません。ピンチと冷静に向き合い、積極的な対策を打ち出せるようにすべきです。その行動力が事態を打開するきっかけとなります。さらに、行動して対処したことが経験として蓄積され、以後のピンチで役立つようになるのです。

とはいえ、ピンチはピンチです。正しい判断と正しい対処をしなければ、取り返しのつかない事態を招きかねません。一人で打開できなければ、周囲の仲間とともに乗り切ることも必要です。日頃から周囲とのチームワークを深め、協力的な関係を築いておくこともチャンスに変えるためには必要です。

困難な局面を迎えたとき、ぜひピンチを楽しんでください。楽しくポジティブな姿勢が必ずチャンスを呼び込みます。まずは目の前のピンチと向き合ってください。逃げずに全力で打開策を練って行動してくださ い。その積み重ねが成長を促します。ピンチを恐れることなく一歩を踏み出せるかどうか…。その一歩が、あなたを成長させるかどうかのターニングポイントとなるのです。

仕事の心得を身に付けるポイント
・仕事のピンチは最大のチャンスと前向きに捉えるべき
・正しい判断と正しい行動でピンチを積極的に乗り越える
・ピンチを楽しむことが自身の成長を後押しする

仕事の心得 その20

どんなときも笑顔を忘れない。
幸せだから笑顔なのではなく、
笑顔だから幸せなのだ。

一所懸命に仕事をしていれば、ピンチに見舞われることもあります。そんなとき、笑顔を失ってしまう人が多いのではないでしょうか。笑顔をなくせば状況は悪化し、さらに悪循環に陥ってしまいます。ピンチのときこそ笑顔でいるべきです。ピンチを脱する確率さえ高めます。

なぜ笑顔が求められるのでしょうか。仕事はいろいろな人との関わりで成り立っています。同僚や先輩、上司はもとより、顧客や取引先も含めて、人とのつながりなしに仕事は進みません。相手の立場を重んじ、理解しなければ成果も残せません。笑顔は人間関係の潤滑油です。

笑顔が相手の気持ちを解きほぐし、仕事を進めやすくします。初対面の人でも笑顔をきっかけに自然と話せるようになります。多くの言葉を並べるよりも、笑顔ひとつで関係を深められるようになるのです。

仕事では意識して笑顔を絶やさないようにします。もちろん時と場合によりますが、相手の「うれしい」や「楽しい」といった感情を呼び出す手段として、笑顔を作れるようにすべきです。「人は幸せだから笑顔になる」とよく言われます。しかし、これは間違いです。笑顔だからこそ幸せを掴み取れるのです。笑顔を絶やさないからこそ幸せなのです。幸せであるかどうかは、笑顔になりやすい理由にはなりません。笑顔で振るまい続けることが幸せを呼び込みます。つまり、幸せは自身の努力次第でつかみ取れるのです。

笑顔は周囲を巻き込む手段にもなります。ピンチなときほど、ポジティブに笑顔で対処しようとすれば、周囲が手を差し伸べてくれるでしょう。悲痛な顔で困った表情を浮かべていると孤立を招き、周囲はかえってサポートしづらくなってしまいます。

つらいと思っているときこそ、笑顔で乗り切ってください。「笑顔でいられない」と落ち込んでいるときこそ、笑顔を作ってみてください。この姿勢が事態を好転させるきっかけになります。自分がどんな笑い方をしているのか、相手に不快な印象を与えていないか、自然な笑顔になっているのかなど、普段から鏡を見ながら笑顔の作り方を練習することも必要でしょう。マイナスをプラスに転換する、それだけの力を笑顔は持っています。

仕事の心得を身に付けるポイント
・笑顔が人との関係を深め、仕事を進めやすくする
・笑顔を絶やさないことで幸せを呼び込める
・つらく苦しいときこそ笑顔を作って乗り切る

第5章

正しく学ぶ

仕事の心得 その21

「学ぶ」の語源は、「真似る」である。
先人・達人・書物を真似ること
こそが学ぶことである。

若手社員の中には、仕事の具体的なやり方が分からない人が少なくありません。作業の流れをマニュアルで覚えても、日々変化する仕事に応用するスキルを持ち合わせていません。仕事とは、一瞬一瞬の決断の積み重ねです。マニュアルだけでは通用しないシーンも多々あります。

私は物事を判断する基準となる価値観を養うべきだと考えます。価値観は、物事の選択や決断をするときに必要となる「思考の柱」です。何事にも動じず、涼しい顔で判断できる人は、思考の柱を必ず持っています。身近な尊敬する人や歴史上の偉人、名経営者を思い浮かべても、ブレない強さやしっかりした価値観を持っていると感じませんか。

では、価値観はどう学ぶべきか。答えは、先人や偉人、書物を「真似る」ことです。先人・偉人・書物の言動・行動をそのまま真似ることで、仕事への向き合い方や姿勢を正しく学べます。もし真似ずに自分流で仕事を進めると、これまでの自分の経験に基づく判断しかできなくなります。これでは自分の枠を抜け出せず、成長も止まります。

そもそも「学ぶ」という言葉は、「真似る」が語源と言われています。真似ることは、何かを学ぶ上で理に適った行為と言えるのです。ただし、真似るときはすべてを模倣することが重要です。自分ならではの考えや行動を加えてはいけません。上辺だけや都合のよい部分だけ真似るのも間違いです。中途半端な模倣は、かえって失敗を招きます。まずは完全に模倣できるようになるまで経験を積むことが大切です。

なお真似る対象は、先人や歴史上の人物、偉大な経営者です。過去の人から学ぶなら書物を参考にするのも有効です。危機に直面したとき、先人はどう行動したのか、書物ではどう乗り切るべきと記されているのか。これらを完璧に真似ることで、自分の価値観を高められます。先人や達人、書物の教えが糧となり、過去に同じトラブルを経験したかのように振る舞うこともできるようになるのです。

真似は恥ずかしい行為ではありません。仕事を効率よく覚え、成長も早める有効な手段です。仕事で失敗を繰り返す人は、上司や先輩の行動、さらには先人や達人、書物に書かれた英知を疑うことなく真似てくださ い。それが学びとなって自身の価値観が磨かれていくのです。

仕事の心得を身に付けるポイント

- 仕事への姿勢などは先人・達人・書物を真似ることで学ぶべき
- 真似るときは、自分なりの考えや行動を付け加えない
- 先人や偉人の教えや書物の内容を疑わずに真似る

仕事の心得 その22

先人を尊ぶ。人の知恵は受け継がれるもの、歴史を学び、先輩の話を聴くようにする。

仕事では多くの知見や経験が役立つケースが少なくありません。例えば、過去に講じたトラブル対策が、新たなトラブルを未然に防ぐヒントになることもあります。仕事を通じて教わった教訓が、まったく別のシーンで活きることもあります。これまでの経験が蓄積され糧となり、これからの自分を支えてくれるようになるのです。

では糧となる拠り所がない場合、何を頼りにすべきか。答えの１つとなるのが、先人の教えです。功績を残した偉人は、何かしらの答えを導き出しています。人としてどう生きるべきかといった普遍的な問いと向き合い、答えを導出した偉人もいます。こうした先人に敬意を払い、生き方や考え方を学ぶべきです。生き方や考え方そのものが自身の拠り所となるほか、学ぶ姿勢から多くの糧が得られるようになります。

もっとも、先人の教えを学ぶときは、自分の理屈を持ち込んではなりません。自身の考えで理解しようとしてもいけません。先人の教えを自分の都合で誤って解釈すれば、何の教訓も得られなくなるからです。教えをそのまま受け止め、行動や判断の拠り所とすべきです。誰しも幼少期には、親からさまざまなことを学びます。言葉も挨拶も、親の真似から始めたはずです。年齢を重ねると親以外の人も学びの対象になりますが、同じ姿勢で学ぶことが大切です。

歴史を学ぶことも必要です。意識して歴史と向き合うことで、先人が取った行動1つひとつに意味を見い出せるようになります。その意味が糧となり、教訓となるのです。時代が変わろうとも、歴史から今の時代に役立つヒントを得るべきです。仕事に役立つ教訓を学ぶべきです。

なお、先人から学んだことは、後輩や子供たちに引き継ぐことも視野に入れます。先人から受け継いだ知見や教訓は、後世にきちんと受け継がれるべきです。これは社内でも同じで、上司や先輩から学んだことを後輩や若手社員に引き継ぐようにします。企業はこうした文化を育み、社風として根付かせることに目を向けなければなりません。

先人が成し遂げた功績を改めて振り返ってください。先人が残した言葉の意味を突き詰めてください。先人の声に耳を傾けることで、一人では学び得ない多くの知見と経験を積み重ねられるようになるのです。

仕事の心得を身に付けるポイント

・偉大な先人の生き方や考え方を学ぶ
・歴史から仕事に役立つヒントや教訓を得る
・先人から受け継いだ教えを後輩や子供たちに引き継ぐ

仕事の心得 その23

達人を知る。
その道を究めた人には
理由があるもの、
自分とのギャップを知るようにする。

仕事で成果や結果を残せるようにするには、その道の達人から学ぶことが大切です。営業や製造、開発、マーケティングなど、特定の領域に精通する達人は専門知識やスキルを有するだけでなく、仕事に対する貪欲な姿勢や仕事に打ち込む前向きな考えも持っています。こうした仕事との向き合い方が、成果や結果を出す要因となっているのです。

仕事がうまくいかない、成果を上げられないという人は、達人の姿勢を見習うべきです。専門知識やスキルまで習得する必要はないものの、仕事への姿勢や前向きな考え方を学ぶようにします。達人の仕事に対する姿勢を身に付けることで、仕事がうまく進み出します。成果や結果もついてくるようになります。

このとき大切なのは、自身の姿勢と達人の姿勢を比較することです。達人は仕事をどう考えているのか。成果を出すために何が必要だと考えているのか。モチベーションを高めるためにどんな工夫や努力をしているのか…。こうした達人の行動や姿勢を1つずつ洗い出し、自分の行動や姿勢と比べるようにします。

比較したとき、達人の姿勢と自身の姿勢には必ずギャップがあります。このギャップをどう埋めるのかを考えることが必要です。自分に何が足りないのか、一方で達人は何が充足しているのかといった具合に、双方の強みと弱みを探ります。このようにギャップを正しく把握し、埋める方法を模索することが、達人としての姿勢を身に付ける近道です。

もっとも、いきなりギャップは埋まりません。達人の仕事に対する姿勢を、一歩ずつ確実に自分のものにすることが大切です。向上心とポジティブな感情を常に持ち、達人に近づく努力を惜しまず続けます。この地道な取り組みが、自身を成長させます。いずれ周囲から一目置かれる存在として、評価してもらえるようになります。

まずは、１つひとつの仕事と真剣に向き合ってください。つまらないと感じる仕事こそ、丁寧さを失わないでください。こうした仕事を心掛けることで、周囲から認められるようになります。信頼感や安心感を与えるようになります。達人とのギャップも次第に縮まっていくようになるのです。

仕事の心得を身に付けるポイント

- 達人と呼ばれる人の仕事に対する姿勢を学ぶ
- 達人と自分を比較し、自分に何が足りないのかを把握する
- 達人に近づくべく、地道な努力を続ける

仕事の心得 その24

本を読む。

一冊の本は3人の師を持つに等しい。良書を読むようにする。

社会人になってから何冊の本を読みましたか。毎月何冊の本を読んでいますか。さまざまなジャンルの本を読んでいますか…。

今、若者を中心に本を読む習慣が失われつつあります。文字を読むのはスマートフォンでネットニュースとSNSだけ。この程度しか文字と触れ合わない人も増えています。本と接する機会がまったくない若手社員がいてもおかしくない、そんな状況にさえ陥りつつあるのです。

しかし、いつどんなときも本を読む習慣を身に付けるべきです。本からは多くを学べます。多くの知見を養えます。仕事の課題を解決するきっかけを得られるし、自分を一回りも二回りも成長させてくれます。私も読書を通じ、多くのことを学びました。仕事に向き合う心構えや姿勢も学びました。今も仕事の壁を乗り越える手段として、本が大いに役立っています。どんなに忙しくても本を読み続けるからこそ、現在の自分があると実感しています。

読書は、一冊読むだけで3人の師を持つのに等しいと言われます。10冊読めば30人の師から教わっているのと同じです。それだけ読書は、日常では得られない多くの気づきと学びを与えてくれるのです。

わずかな時間で構いません。興味のあるジャンルの本で構いません。重要そうな箇所を読むだけでも構いません。まずは本を読む習慣を身に付けることから始めましょう。いろいろな興味を持ち、視野を広げることが大切です。読書後に内容を振り返ったり、同僚と本について意見交換したりする機会を設けるのも習慣化には有効でしょう。

読書で大切なのは、読んだ時間ではありません。糧を得られる良書を読むことです。テクニックを習得できる本より、人としての生き方や人のあり方を学べる本を読むべきです。偉大な経営者はどんな生き方にこだわったのか、仕事をする上で人はどうあるべきか。こんな問いと向き合える良書を探し、先人の声に耳を傾けることが必要です。

本を読み終えたときに感じたことが、あなたの血肉となります。自らの価値観を磨き、明日の仕事に役立つ糧となります。ネットニュースでは得られない学びを深める手段として、本を徹底活用すべきです。

仕事の心得を身に付けるポイント
・読書を習慣化して多くの学びを得られるようにする
・本は一冊読むだけで3人の師を持つのに等しいと言われる
・良書を読むことで多くの教訓と糧を得られる

第6章

人として大切なもの

仕事の心得 その25

人としても、仕事をする上でも最も大事なことは五徳（信・義・仁・礼・智）である。

仕事に取り組む態度や姿勢、向き合うために必要な考え方は、人として学ぶべきことに通じます。仕事に実直に取り組むことで、人としての土台を築けるのです。

では、仕事に取り組む姿勢、成長の土台を築くにはどんな心構えが必要でしょうか。

その答えの1つが「五徳」です。中国の書物「論語」に記された5つの「徳」で、人として正しい振る舞いや望ましい考え方を説いています。具体的には信・義・仁・礼・智を指し、これらの言葉の意味を正しく理解し、心構えとして持つことが大切です。

私も五徳の考え方を何より大切にしています。私の場合、比較的若い時期に十数人の部下を持つ立場となりました。しかし、私は当時25歳。

社会に出て数年しか経っていません。そんな若造が部下をどう指導し、どう振る舞えばよいのか。試行錯誤の毎日でした。

そんなときに出会ったのが五徳でした。たまたま読んだ論語に共感し、人として大切なことを学ぶきっかけとなったのです。それ以降、五徳は私の拠り所となりました。仕事で壁に直面したとき、部下の指導で行き詰まったとき、五徳の教えを胸に行動してきたのです。今でも五徳が精神的な支えとして、私の生きる糧となっています。

最近はテクノロジーの進化を背景に、物事の効率性や合理性ばかり追求されるようになりました。しかし、こんな時代だからこそ見直さなければならないものがあります。それが人間力です。社会や物事の価値が変わっても生き抜ける、人が本来持つ力（人間力）の重要性が増しているのです。社会や経済が劇的に変わる今こそ、人間力の大切さに気付かねばならないのです。この人間力の源泉こそが五徳だと考えます。

人として正しく振る舞えているか分からない、仕事と正しく向き合えているか分からないという人は、五徳の教えを身に付けるべきです。五徳に基づき、確固たる自分を築くべきです。五徳に基づく土台を築くべきです。信・義・仁・礼・智の5つが心に深く根付いたとき、「成長」という大輪の花を咲かせられるようになるのです。

仕事の心得を身に付けるポイント
・成長するための心構えとして、論語の「五徳」を身に付ける
・人として生き抜く力（人間力）を大切にする
・「五徳」の教えに基づき、人としての土台を築く

仕事の心得 その26

信とは、信頼のこと。
信頼は、
「言ったことをやる（言行一致）」で
得ることができる。

人として正しい振る舞いや望ましい考え方を表す「五徳」。その１つが、信頼を意味する「信」です。

仕事に取り組むとき、「信」の教えと向き合うことが大切です。具体的には、周囲から信頼される存在を目指します。模範となる考え方を示して行動し、周囲からの信頼を得られるようにします。

信頼されるために必要なのが、「言ったことをやる（言行一致）」です。発言したことを必ず成し遂げる実行力や責任感が、信頼されるためには不可欠です。たとえ一度でも言いっ放しにしたり無責任な行動をしたりすれば、せっかく築いた信頼が失墜します。それだけの覚悟を持ち、信頼を地道に確実に築き上げなければなりません。

「信」の大切さを実感したエピソードがあります。私はソフトバンク在職中、本を扱うECサイトを運営する会社を起業しました。起業直前、ソフトバンクの取締役会で売上目標を問われたとき、何の根拠もなく「5年後に売上を100億円にする」と発言してしまったのです。しかしそこから発言したことを完遂すべく、何度も壁を乗り越え、睡眠時間を削り努力をしました。その結果、「5年100億円」を達成しました。

その後、当時ソフトバンクの常務だったSBIホールディングスの社長の北尾吉孝さんに「会いたい」と連絡をいただいたのです。「どんな要件だろう」と思いつつ社長室を訪れると、部屋に入った途端、北尾さんから「私は君を信じる」と言われました。さらには「君は5年前に『100億円』と言った。その通りになったから、君を信じる」とも言われました。まさに「言行一致」を褒めてくださったのです。当時、震えるほど感動し、今も北尾さんの言葉が私の胸に刻まれています。

ビジネスでも「信用」は何より大切です。顧客や取引先とは信用のもとに仕事が成り立っている面もあります。上司や先輩が信用しているから、責任ある仕事を振ってくることもあります。それだけ「信」の意味は重く、強い責任感を感じさせてくれるのです。今後は些細なことでも約束を守ってください。どんなスケジュールも厳守してください。相手を否定せず、受け入れる姿勢を示してください。こうした1つひとつの所作や態度が、信頼を築くのです。

仕事の心得を身に付けるポイント

・「五徳」の「信」を心の拠り所にする
・言ったことをやる（言行一致）が信頼されるためには不可欠
・些細な約束や納期も必ず守り、信頼を1つずつ積み上げる

仕事の心得 その27

義とは、正義・大義のこと。義は、「己を捨て世のため人のために」と考え、行動すること。

人として正しい振る舞いや望ましい考え方を表す「五徳」。その１つが、正義や大義を意味する「義」です。

仕事に取り組むとき、「義」の教えと向き合うことが大切です。「恩義」や「義理」などの言葉に使われる「義」には、人として取るべき正しい道という意味が込められています。つまり、仕事に実直に取り組むには、人として正しい判断や行動を伴うことが前提となります。人としてどうあるべきか、どう行動すべきかを常に考え、行動することが仕事では求められるのです。

義を重んじる上で何より大切なのは、「己を捨て世のため人のために」という考え方です。つまり、相手の立場になって仕事を進める姿勢や考え方を大切にします。顧客や取引先は何を望んでいるのか、上司や先輩は何を求めているのかといった具合に、相手の立場を最優先します。「自分の仕事が忙しくて」「私はこうあるべきだと思う」などのように、「自分」を主語とする仕事は、そもそもうまく進みません。相手への配慮が行き届かない仕事は、もはや仕事とは呼べません。

私は「義」の大切さを、小さいころに学びました。それはテレビ番組に登場する正義のヒーローです。「正義とは？」「友情とは？」「仲間とは？」。人として大切なこれらの問いに答えてくれたのが、正義のヒーローだったのです。今もテレビや映画を見ると、正義感のある人や義理堅い人、大義を持っている人に共感するし、強く惹かれます。自分もそうなりたい、と思いながら自身の行動を振り返っています。

最近は、昔に比べて「義」が軽んじられ、自分や特定の人だけの「利」が重んじられているように感じます。仕事は「大義」を持たなければ成り立ちません。人同士の関係が大切なことから、義理を通さなければ成り立ちません。「義」の教えが仕事の根底を支えているのです。

周囲の人のために行動してください。周囲の人のために生きてくださ
い。自分のことは後回しにしてください。こうした「義」の考え方が、
あなたの人としての魅力を高めます。周囲からの信頼を集めます。ひい
ては、困ったときに手を差し伸べてくれる仲間が集まり、周囲への気遣
いが自分に返ってくるのです。

仕事の心得を身に付けるポイント

・「五徳」の「義」を心の拠り所にする
・自分のことは後回しし、人のために動くという考え方を持つ
・仕事は「大義」や「義理」がなければ成り立たない

仕事の心得 その28

仁とは、思いやりのこと。
仁は、
「常に相手の立場に立って考える」
ことで実践できる。

人として正しい振る舞いや望ましい考え方を表す「五徳」。その1つが、思いやりを意味する「仁」です。

仕事に取り組むとき、「仁」の教えと向き合うことが大切です。「仁義」や「仁徳」などの言葉に使われる「仁」には、周囲の人への気遣いや配慮、慈しみといった意味が込められています。仕事では、上司や先輩はもとより、同僚や後輩にも思いやりを持つようにします。顧客や取引先といった社外の人に対しても、思いやりが当然求められます。

仕事では思いやりが求められるシーンは多々あります。仕事に行き詰まって悩んでいる同僚に声をかけ、相談に乗るのも思いやりの形と言えるでしょう。取引先との仕事を円滑に進めるため、コミュニケーションを積極的に取ろうとするのも、思いやりの気持ちがあってこそです。もし、思いやりの気持ちを態度や行動で示せなければ、仕事は立ちどころに行き詰まります。相手に不快な印象さえ与えかねず、関係も悪化してしまうでしょう。

私は小さいころ、両親や学校の先生から「思いやりを持った人になりなさい」と言われたことを今も強く覚えています。特に父には「相手のために行動するのではなく、相手の立場に立って行動しなさい」と言われ続けました。後に「五徳」の「仁」の教えだと知り、今は仕事を通じてその大切さを強く実感しています。

大切なのは「常に相手の立場に立って考える」です。相手が自分をどう見ているのかを考えられるかどうかが重要です。例えば、相手はどうすれば喜ぶのか、どうすれば笑うのか、何を望んでいるのかを推察し、行動できるかどうかが何より求められるのです。逆に言えば、どうすれば悲しむのか、嫌がるのかも想定した上で行動できなければなりません。

これが思いやりであり、「仁」の教えの本質だと考えます。

仕事に一所懸命取り組むあまり、周りが見えなくなっていませんか。周囲への配慮に欠けていませんか。常に周囲に気を配り、仲間の異変を感じたら声をかけるなどの配慮を示すべきです。思いやりを行動で表すべきです。こうした思いやりに満ちた社風が、チームとしてのまとまりを生み、全社一丸の土壌を育むのです。

仕事の心得を身に付けるポイント

・「五徳」の「仁」を心の拠り所にする
・周囲に気を配り、思いやりを持って相手と接する
・相手は何を求めているのか、何を望んでいるのかを常に探る

仕事の心得 その29

礼とは、礼儀のこと。
「何事も礼に始まり礼に終わる」
の言葉のとおり、
すべての潤滑油となる。

人として正しい振る舞いや望ましい考え方を表す「五徳」。その１つが、礼儀を意味する「礼」です。

仕事に取り組むとき、「礼」の教えと向き合うことが大切です。「お礼」や「儀礼」などの言葉に使われる「礼」には、社会秩序を保ったり、人との関係を円滑にしたりするのに必要な規範といった意味が込められています。仕事では相手との良好な関係を築くために礼節を重んじなければなりません。相手への敬意を表すため、挨拶時にはきちんと頭を下げるといった礼儀をわきまえなければなりません。大前提として、仕事では「礼」の考えを大切にしなければならないのです。

もっとも、過度な礼儀は相手を遠ざけます。毎日一緒に仕事をする同僚に対し、丁寧な言葉遣いや挨拶は必要ありません。丁寧すぎる言葉遣いは相手との距離を生みかねません。相談しづらい雰囲気がチームワークも乱します。大切なのは適度な塩梅です。礼儀を欠いてばかりは好ましくないものの、重んじるだけでも良好な関係を生み出せません。

私も適度な礼儀の大切さを強く意識したことがあります。25歳のときに主任に昇格し、年上の部下を持つようになったときです。どう接するべきか、どんな言葉遣いをすべきかで悩む毎日でした。悩んだ結果、年上の部下には、敬語で指示を伝えるようにしました。上司として叱責する場合、敬語で厳しく接するよう心掛けました。一方、仕事以外では目上の先輩として礼儀を大切にし、良好な関係を築くようにしていました。「礼」の教えを実践したことで、年齢や役職に関係ない円滑な関係を築けました。

「何事も礼に始まり礼に終わる」。この言葉を大切にすべきです。無礼な言動や態度は、どんな相手であれ失礼（礼儀を失する）です。どんな状況であれ、挨拶で始めて挨拶で終えるようにすべきです。この当たり前の所作が、相手との良好な関係を育みます。初対面の人との関係を築くきっかけにもなるのです。オフィスで「おはよう」や「ありがとう」といった言葉が聞こえますか。メールやＳＮＳで挨拶を済ませていませんか。まずは元気な挨拶が飛び交う雰囲気を醸成してください。こうした環境が社員の士気を上げ、成果や結果をもたらします。「礼に始まり」の言葉の通り、礼儀は人間関係の潤滑油となっているのです。

仕事の心得を身に付けるポイント
・「五徳」の「礼」を心の拠り所にする
・礼儀をわきまえることで円滑な人間関係を築ける
・過度な礼儀は相手を遠ざける。良い塩梅を心掛けるべき

仕事の心得 その30

智とは、知恵のこと。「知識を学び、自ら実践し、他人に教える」ことで、本物の知恵となる。

人として正しい振る舞いや望ましい考え方を表す「五徳」。その1つが、知恵を意味する「智」です。

仕事に取り組むとき、「智」の教えと向き合うことが大切です。「叡智（えいち）」や「明智」などの言葉に使われる「智」には、物事を考える力や理解する力といった意味が込められています。仕事では業務の本質や目的を読み解く力として、「智」の教えが何より求められます。「何のための仕事か」「この仕事が自社にどう影響するのか」「社会にどう貢献するのか」といったことを考えなければ、単なる「言われた通りにやる作業」に陥りかねません。常に物事の本質を探り、仕事の意味を理解しようと努めることが大切です。

そもそも「智」が表す「知恵」、物事を考えたり理解したりする力は、どのように育めばよいのでしょうか。多くの本を読んで知見や経験を深めるだけでは不十分です。大切なのは、学んだことを自ら実践し、他人に教えられるようになるまで深く理解することです。ただ学んだだけでは知恵にはなりません。考えたり理解したりする力も得られません。本を読んで分かった気になっている時点では、知恵ではなく知識に過ぎないのです。知恵と知識にはそれだけ大きな隔たりがあるのです。

特に最近、答えを知りたければすぐにネットを頼る若者で溢れています。しかし、ネットで知り得たことはただの知識です。知識を知恵にするには、自ら実践しなければなりません。その行動力が知識を自身に根付かせ、知恵へと昇華させるのです。「言われた通りにやる作業」を「自主的に考え行動する仕事」に変えてくれるのです。

自ら体験することも大切です。知り得た知識は本当に正しいのか、その考え方で合っているのかを証明するには、自分自身が行動し、確かめることが必要です。こうして学んだとき、初めて人に教えられるようになるのです。例えば、外国について書籍で調べるだけでは不十分で、実際に現地に足を運ばなければ真の理解を得られません。野球のバッティング理論を本で学ぶだけでは不十分で、実際にバットを振って確かめなければ理論を自分のものにできません。行動して体験して自分の血肉となったとき、「智」の教えがようやく身に付くのです。そのとき初めて知恵を仕事で活かせるようになるのです。

仕事の心得を身に付けるポイント

・「五徳」の「智」を心の拠り所にする
・知り得たことを実践し、他人に教えることで知識は知恵となる
・自ら体験し、血肉とすることで「智」の教えは身に付く

おわりに

先人たちの教えを後世に伝える「仕事の心得」

最後まで、読み進めていただきありがとうございました。この「仕事の心得」は、私自身が先人から学び、自ら実践してきたことをまとめたものです。内容はシンプルで、誰もが一度は聞いたことがある話だと思います。誰もが理解できる内容だからこそ、先行き不透明な時代に不安を感じる方々の一助になると思い、書籍とさせていただきました。

論語にこんな一説があります。「子曰く、吾十有五にして学に志す。三十にして立つ。四十にして惑わず。五十にして天命を知る。六十にして耳順う（みみしたがう）。七十にして心の欲する所に従いて矩（のり）

を踰えず（こえず）」。現代語訳では「先生（孔子）はおっしゃいました。私は15歳のときに学問を志し始めた。30歳になったときに独り立ちをし、40歳になったときには惑わされることがなくなった。50歳のときに自分の天命を理解し、60歳のときにようやく人の意見に素直に耳を傾けられるようになった。そして70歳になって、自分の思うように行動をしても人の道を踏み外すことはなくなった」。

私も間もなく耳順（じじゅん）の齢を迎えます。なるほど、今までたくさんの方々から学んできたことが、素直に心に染みる齢となってきました。同時にこれらの学びを後世に伝える年齢になったことを実感するようになりました。当初は社員たちの迷いを少しでも軽減できるようにと、心得を書き始めました。すると、社員たちの反応はすこぶる良く、社外の方々にも紹介してみると、これまた評判が良いものでした。正直、「当たり前のこと」を言っているだけなのにと驚きました。しかし、その当たり前は、私が先人たちから学んだものだったのです。

私は現在いくつかの役割を持ち、多くの方々と接する機会に恵まれています。株式会社デジタルシフトウェーブの社長として社員やお客様、取引先様の方々、日本オムニチャネル協会の会長として多くの会員の方々、そして東京都市大学の教授として多くの学生たち、その他にもたくさんの方たちと多くの機会をいただいております。今後は、この皆さんに心得を伝え、この心得をきっかけに議論を重ね、より良きものとしていきたいと考えています。

この本は、当社が運営するオンラインメディア「DXマガジン」で、私が連載する「週刊SUZUKI」を再編集したものです。編集にあたっては大久保清彦氏、折川忠弘氏、在原祥夫氏に多大なるご協力をいただきました。この場を借り感謝申し上げます。

また、この心得を社内で実践し、意見をくれたデジタルシフトウェーブの社員の皆の協力なしでは、この本は生まれませんでした。本当にありがとうございます。これからも、一緒にさらなる良き会社を目指していきましょう。

最後に、いつも献身的に支えてくれている妻・智子と、いつも明るく元気を与えてくれる息子・康太に最大限の感謝を伝えたいと思います。いつの日か、息子がこの本を手に取り、自分の人生の糧、そしてさらに多くの人に伝えていることを夢見て、筆を置きたいと思います。

２０２４年１月１日
鈴木康弘

「仕事の心得」を自社に根付かせてみませんか？

著者 鈴木康弘がイベントや社内勉強会などの講演を承ります

本書「仕事の心得」の内容は、社員一人ひとりが覚え、実行しなければ意味がありません。「仕事の心得」によって社員の意識が変わり、企業風土として根付いたとき、企業は大きく成長します。社員も仕事と正面から向き合い、成果や結果を出し始めるようになります。

そのためには社員一人ひとりに「仕事の心得」の大切さを訴え、自分事として仕事に取り組む姿勢を育まなければなりません。

こうした社員の意識改革を、著者の鈴木康弘がお手伝いします。イベントやセミナー、社内勉強会など、年間50回以上の講演実績を持つ鈴木康弘が、「仕事の心得」の社内定着と社員のモチベーションアップについて講演させていただきます。

「社員が成長しない」「社員が仕事に真剣に向き合わない」「保守的な風土が根付いている」などの課題を抱える経営者の皆さま、自社を変えるきっかけとしてご検討ください。

講演依頼に関する
問い合わせはこちらから

DXの最新情報を届ける「DXマガジン」

著者 鈴木康弘が総編集長を務めるDX専門のオンラインメディア

「DXマガジン」は、DX（デジタル・トランスフォーメーション）にまつわるさまざまな情報を取り扱うオンラインメディアです。企業のDXの取り組みを紹介するほか、DX推進を支援する製品・サービスの紹介、DXを主導するキーパーソンへのインタビューなどで構成します。さらに、DXを含む最新トレンドを紹介する主催セミナーも実施。特定分野に精通するゲストを招き、市場の動向やDX推進のポイントなどを解説する機会も提供します。

本書の著者である鈴木康弘が総編集長を務め、独自の視点で業界を斬るコラムを定期配信しているのも特徴の1つです。日本のDXはなぜ進まないのか、なぜ優秀な人材が育たないのかなどをテーマに、日本の課題を浮き彫りにします。「DXの最新事例を知りたい」「優秀な人材をどう育てるのかを知りたい」「鈴木康弘の視点や考え方をもっと学びたい」などと考える人におすすめのメディアです。ぜひご覧ください。

**DXマガジンは
こちらから**

業界の壁を越えて学び合いませんか？

会員同士による共創の場を提供する日本オムニチャネル協会

デジタルを駆使した変革は、自社のみで取り組むのは現実的ではありません。DX に取り組む企業の声を参考にしたり、同じ課題に悩む企業と解決策を共有したりといった取り組みが変革を加速させます。

こうした企業同士のつながりを創出し、議論を深める場を提供するのが日本オムニチャネル協会です。

同協会は、企業の DX やオムニチャネルを支援するための団体です。「業界の壁を越えた共創の場」をコンセプトに打ち出し、業界や企業、組織を問わない人同士が集まることの必要性を訴求しています。会員にとっては、異業種の仲間とともに DX という難題に立ち向かえるようになります。DX を主導する実践者などで構成するフェローに、直接相談できるのもメリットです。「DX にどう取り組めばいいのか分からない」といった課題を抱える企業の DX 推進を、同協会は強く後押しします。興味のある方は、ぜひ協会活動への参加をご検討ください。

日本オムニチャネル協会は
こちらから